I0392184

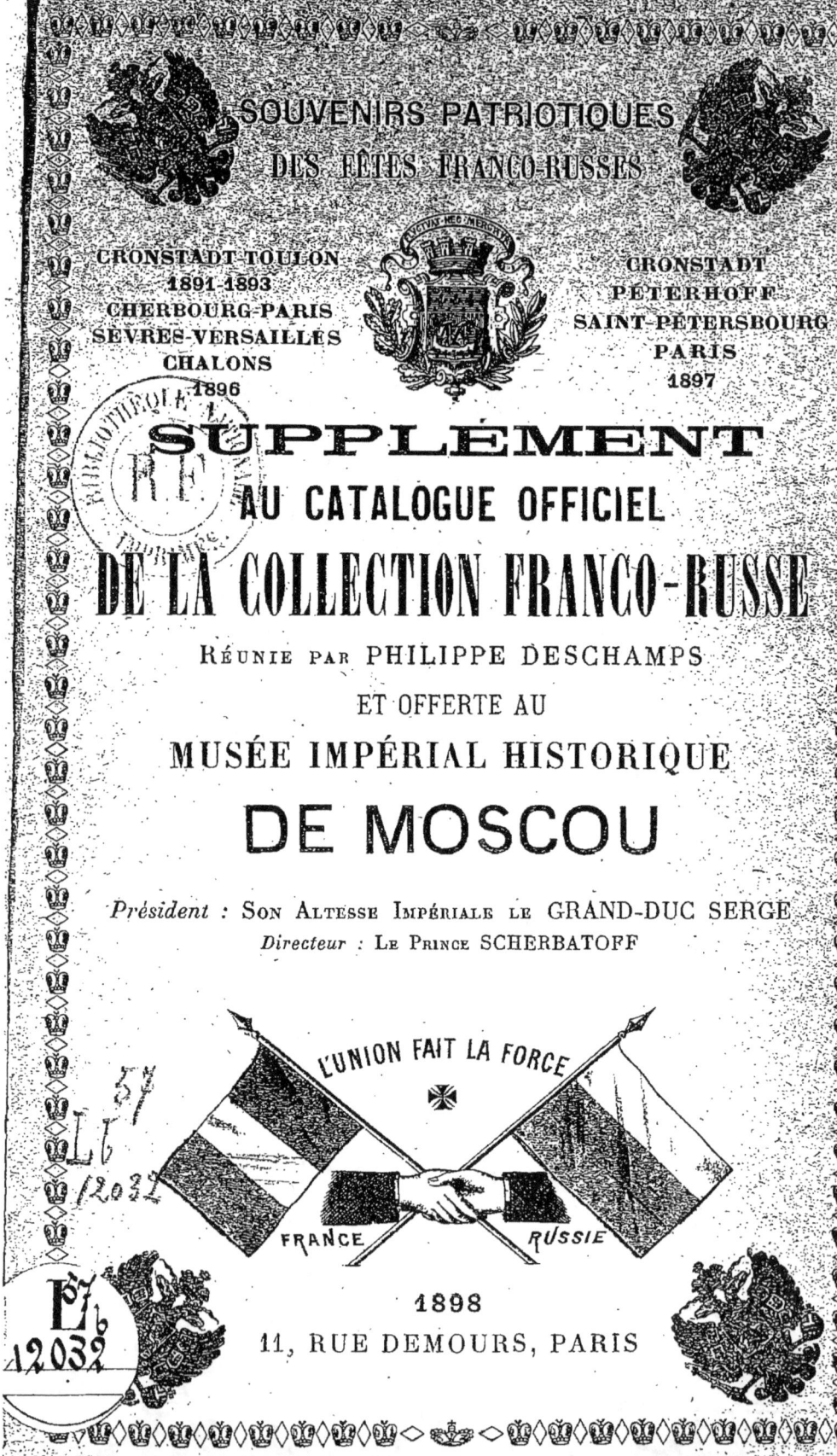

SOUVENIRS PATRIOTIQUES
DES FÊTES FRANCO-RUSSES

CRONSTADT TOULON
1891-1893
CHERBOURG-PARIS
SÈVRES-VERSAILLES
CHALONS
1896

CRONSTADT
PETERHOFF
SAINT-PÉTERSBOURG
PARIS
1897

SUPPLÉMENT
AU CATALOGUE OFFICIEL
DE LA COLLECTION FRANCO-RUSSE

Réunie par PHILIPPE DESCHAMPS

ET OFFERTE AU

MUSÉE IMPÉRIAL HISTORIQUE

DE MOSCOU

Président : Son Altesse Impériale le GRAND-DUC SERGE
Directeur : Le Prince SCHERBATOFF

L'UNION FAIT LA FORCE

FRANCE   RUSSIE

1898
11, RUE DEMOURS, PARIS

SUPPLÉMENT

AU CATALOGUE OFFICIEL

DE LA COLLECTION FRANCO-RUSSE

RÉUNIE PAR PHILIPPE DESCHAMPS

ET OFFERTE AU MUSÉE IMPÉRIAL HISTORIQUE DE MOSCOU.

DOCUMENTS OFFICIELS

—o—

1568. Adresse de la Municipalité de Châtellerault à LL. MM. Impériales de Russie.

1569. Télégramme de M. C. Dehogues au Tzar Nicolas II à l'occasion de son couronnement.

1570. — du Maire de Fontenay-sous-Bois à l'Ambassadeur de Russie.

1571. — — de Nevers au Tzar Nicolas II.

1572. — — du Dorat —

1573. — — de Saint-Malo —

1574. — — d'Annonay —

1575. — — Sillé-le-Guillaume —

1576. — de la Banque d'État Russe au Crédit Foncier.

1577. — du Crédit Foncier aux banques russes.

1578. — de l'Association de la Croix-Rouge de France à l'Association de la Croix-Rouge russe.

1579. — de l'Association de la Croix-Rouge russe à la Croix-Rouge de France.

1580. — du « Journal du Havre » aux Journalistes russes.

1581. Télégramme du Maire de Châtellerault au Maire de Saint-Pétersbourg.

1582. — du Maire de Bourges au Maire de Saint-Pétersbourg.

1583. — du Président du Conseil de Slaviansk au Maire de Pau.

1584. — du Maire de Pau au Président de Slaviansk.

1585. — des Combattants de 1870 de Liévin à la Société la Flotte du Havre.

1586. — du Maire de Rouen à l'Ambassadeur de Russie.

1587. — de l'Ambassadeur de Russie au Maire de Fontenay-sous-Bois.

1588. — — au Comice agricole de Clamecy.

1589. — — au Comité des Alsaciens-Lorrains.

1590. — — à la Municipalité de Rennes.

1591. — — au Maire de Chaumont.

1592. — — au Maire de Rive-de-Gier.

1593. — du Ministre de la Cour de Russie au Maire du Dorat.

1594. — du Maire de Rive-de-Gier à l'Ambassadeur de Russie.

1595. — — de Pré-en-Pail au Maire de Saint-Pétersbourg.

1596. — — de Saint-Pétersbourg au Maire de Pré-en-Pail.

1597. — du 1er régiment d'infanterie français au 1er régiment de Nevsky.

1598. — du colonel de gendarmerie de Paris au colonel Dimistris, de Varsovie.

1599. — du Président de la Chambre de commerce du Havre à la Bourse du commerce de Saint-Pétersbourg.

1600. Télégramme du Maire de Saint-Pétersbourg au Président du Conseil municipal de Paris.

1601. — du Président du Conseil municipal de Paris au Maire de Saint-Pétersbourg.

1602. — du Président du Conseil municipal de Paris au Maire de Moscou.

1603. — du Maire de Moscou au Président du Conseil municipal de Paris.

1604. — de M. Dragontinovitch à la Société des Alsaciens-Lorrains.

DÉLIBÉRATION DES CONSEILS MUNICIPAUX

1605. Ville de Bonifacio (Corse).
1606. — Châtellerault.
1607. — Mézières.
1608. — Laon.
1609. — Niort.
1610. — Annecy.
1611. — Rambouillet.
1612. -- Saunois.
1613. — Gisors.
1614. — La Fère.
1615. — Xambes.

MENUS ET CARTES D'INVITATION
Des fêtes de l'Escadre Russe en 1893.

1616. Menu du déjeuner offert à Toulon le 14 octobre aux officiers russes.

1617. Menu du banquet du 15 octobre.

1618. — du déjeuner du Cercle Militaire de Paris, 17 octobre.

1619. — du déjeuner à l'Ambassade de Russie, 18 octobre.

1620. Menu du banquet du Ministère de la Marine, 18 octobre.

1621. — déjeuner du Ministère des Affaires étrangères, 19 octobre.

1622. — banquet offert par la municipalité de Paris, 19 octobre.

1623. — lunch au Palais-Royal, 20 octobre.

1624. — déjeuner au Ministère de l'Intérieur, 22 octobre.

1625. — dîner au Ministère de la Guerre, 22 octobre.

1626. Carte d'invitation au souper du Cercle Militaire, 23 octobre.

1627. Menu du banquet offert par la ville de Lyon, 25 octobre.

1628. — du banquet offert par la ville de Marseille, 26 octobre.

VOYAGE EN FRANCE DES SOUVERAINS RUSSES
5-9 octobre 1896.

1629. Menu du dîner offert par P. Deschamps à des amis russes, octobre 1896.

1630. — du déjeuner offert par M. Treille. Baptême de la cloche de Châtellerault.

1631. — Programme du Concert donné au camp de Châlons, 9 octobre.

1632. — de la fête donné à l'Hôtel de Ville de Paris, 7 octobre.

1633. — Carte d'invitation pour la soirée au Palais de Versailles, 9 octobre.

VOYAGE DE M. FÉLIX FAURE EN RUSSIE
23-26 août 1897.

1634. Affiche. Ville de Châtellerault, dépêche du Ministre de la Guerre de Russie à l'abbé Guérin.

1635. — de la Compagnie d'Orléans, train de plaisir.

1636. — Châtellerault, fête patriotique, baptême de la cloche « Alexandre-Nicolas ».

1637. Affiche. Ville de Rochefort.

1638. — — Nevers.

1639. — — Épinal.

1640. — — Vervins.

1641. — — Fécamp.

1642. — — Sedan.

1643. — — Flers.

1644. — — Périgueux.

1645. — — Mouzon.

1646. — — Fains.

1647. — — Suresnes.

1648. — — Charenton-le-Pont.

1649. — — Fontenay-sous-Bois.

1650. — — Vanves.

1651. Menu du dîner russophile chez P. Deschamps.

1652 à 1655. 4 cartes diverses à invitation à la Cérémonie du pont « Alexandre-III ».

VILLE DE PARIS. FÊTE DE L'ALLIANCE.

1656. Lettre du Préfet de la Seine aux Maires pour la célébration de la fête de l'Alliance.

1657. Télégramme du Préfet de la Seine aux Maires des 76 communes.

1658. Télégramme du Président du Conseil municipal de Paris au Maire de Saint-Pétersbourg.

1659. Télégramme du Maire de Saint-Pétersbourg au Président du Conseil municipal de Paris.

1660. Télégramme du Président du Conseil municipal de Paris au Maire de Moscou.

1661. Télégramme du Maire de Moscou au Président du Conseil municipal de Paris.

1662. Menu du Banquet offert à la Bourse de commerce à M. Félix Faure.

1663 à 1668. 6 bulletins municipaux. Conseil Municipal de Paris.

DÉPARTEMENTS

1669. Télégramme de l'amiral Passiet à la Société des Sauveteurs de Nancy.

1670. Délibération du Conseil général du Rhône.

1671.   —   municipal de Laon.

1672.   —   —   Montpellier.

1673.   —   —   Brest.

1674.   —   —   Nevers.

1675.   —   —   Rouen.

1676.   —   —   Chaumont.

1677.   —   —   Lorient.

1678.   —   général du Jura.

1679. Discours du Président du Conseil général du Rhône.

1680. Bulletin municipal de Rouen.

1681. Avis du Maire de Gournay.

1682. Le Maire de Chaumont à ses Concitoyens.

1683. Circulaire du Préfet de la Gironde.

1684.   —   — des Côtes-du-Nord.

1685.   —   — de la Seine aux Maires.

1686.   —   — du Loiret.

1687.   —   aux Maires de France pour la célébration de la fête de l'Alliance.

1688.   —   du Maire du VIIIe arrondissement de Paris.

1689.   —   du Comité du VIIIe   —

1690.   —   — du XVIIe   —

1691. Arrêté du Maire de Gap.

1692.   —   — de Rambouillet.

1693. Le Maire de Nevers à ses Concitoyens.

1694. Avis du Maire de Saint-Denis.

1695. L'Ambassadeur de Russie au Maire de Nevers.

ADRESSES ENVOYÉES A M. FÉLIX FAURE

1696. La municipalité de Châlons-sur-Marne.

1697.   —   Saint-Denis.

1698. La municipalité de Nantes.

1699.   —   Chaumont.

1700.   —   Châtellerault.

1701. Syndicat du commerce du Havre.

1702. *Lettres Pastorales pour le* Te Deum *de l'Alliance*, 31 *août* 1897.

1703.   —   de Monseigneur l'archevêque de Bordeaux.

1704.   —   de Monseigneur l'évêque d'Orléans.

1705.   —   —   Reims.

1706.   —   —   Versailles.

1707.   —   —   Limoges.

1708.   —   —   La Rochelle.

1709.   —   —   Nîmes.

AFFICHES

Proclamations des Maires à leurs concitoyens pour la fête de l'Alliance.

31 août 1897.

—o—

ALGÉRIE

1710. Ville d'Alger.

1711. — Oran.

1712. — Constantine.

DÉPARTEMENTS

1713. — Toulon.

1714. — Châlons-sur-Marne.

1715. — Lyon.

1716. — Nancy.

1717. — Rouen.

1718. — Cognac.

1719. — Saint-Étienne.

1720. — Nemours.

1721. Ville de Clermont-Ferrand.

1722. — Tourcoing.

1723. — Amiens.

1724. — Rodez.

1725. — Saint-Quentin.

1726. — Saintes.

1727. — Grenoble.

1728. — Breteuil-sur-Oise.

1729. — Melun.

1730. — Fontenay-sous-Bois.

1731. — Vesoul.

1732. — Saint-Ouen.

1733. — Nevers.

1734. — Mende.

1735. — Fontainebleau.

1736. — Sens.

1737. — Cahors.

1738. — Rive-de-Gier.

1739. — Carcassonne.

1740. — Le Dorat.

1741. — Rodez.

1742. — Granville.

1743. — Château-Thierry.

1744. — Nice.

1745. — Creteil.

1746. — Charleville.

1747. — Montbéliard.

1748. — Chaumont.

1749. — Rambervilliers.

1750. — Blois.

1751. — Gap.

1752. — Bayonne.

1753. — Mézières.

1754. — Valence.

1755. Ville de Lunéville.
1756. — Poitiers.
1757. — Laigle.
1758. — Meudon.
1759. — Valenciennes.
1760. — Bar-le-Duc.
1761. — Nemours.
1762. — Compiègne.
1763. — Monthléry.
1764. — Mâcon.
1765. — Gournay-en-Bray.
1766. — Menton.
1767. — Montauban.
1768. — Rochefort.
1769. — Sézanne.
1770. — Cambrai.
1771. — Roye.
1772. — Béziers.
1773. — Toulouse.
1774. — Saint-Cyr-l'École.
1775. — Maubeuge.
1776. — Foix.
1777. — Château-Gonthier.
1778. — Albert.
1779. — Fécamp.
1780. — Montereau.
1781. — Nantes.
1782. — Dieppe.
1783. — Abbeville.
1784. — Rambervilliers.
1785. — Châteaudun.
1786. — Valenciennes.
1787. — Boulogne-sur-Mer.
1788. — Épernay.

1789. Ville de Compiègne.

1790.   —   Eu.

1791.   —   Saint-Denis.

1792.   —   Mirecourt.

1793.   —   Auch.

1794.   —   Fourmies.

1795.   —   Meaux.

1796.   —   Chevreuse.

1797.   —   Bayonne.

1798.   —   Valence.

1799.   —   Vannes.

1800.   —   Louviers.

1801.   —   Noyon.

1802.   —   Montpellier.

1803.   —   Chalon-sur-Saône.

1804.   —   Châteaudun.

1805.   —   Argenteuil.

1806.   —   Pontoise.

1807.   —   Lagny.

1808.   —   Montbrison.

1809.   —   Provins.

1810.   —   Saint-Dié.

1811.   —   Creil.

1812.   —   Guise.

1813. Chaumont : Programme de la Fête de l'Alliance.

1814. Proclamation du Maire du Vésinet.

1815. Avis du Maire de Breteuil.

1816 à 1825. 10 avis des Compagnies de chemins de fer.

1826 à 1835. 10 affiches   —   trains de plaisir.

PARIS ET DÉPARTEMENT DE LA SEINE

1836. Mairie de l'Élysée, VIIIe arrondissement.

1837.   —   du VIe arrondissement.

1838. Mairie du Ier arrondissement.

1839. — du XIIe arrondissement.

1840. — du XIIIe arrondissement.

1841. — du XIVe arrondissement.

1842. — du XVe arrondissement.

1843. — du XVIIIe arrondissement.

1844. — du XIXe arrondissement.

1845. — de Neuilly-sur-Seine.

1846. — de Vincennes.

1847. — de Levallois-Perret.

1848. — de Boulogne-sur-Seine.

1849. — de Pantin.

1850. — de Issy-les-Moulineaux.

1851. — de Choisy-le-Roi.

1852. — de Saint-Mandé.

1853. — de Colombes-sur-Seine.

1854. — de Fontenay-sous-Bois.

1855. — de Vanves.

1856. — de Champigny-sur-Seine.

1857. — de Clichy.

1858. — de Saint-Ouen.

1859. — d'Asnières.

1860. — de Bondy.

1861. — de Saint-Denis.

1862. — (jaune avec aigle russe). VIIIe arrondissement.

1863. Discours du Maire de Rouen aux Musiciens russes.

1864 à 1869. 6 Circulaires-Lettres pastorales des évêques.

1870. Circulaire de l'Hôtel de la Monnaie : Visite des Souverains Russes.

1871. Affiche. Concert franco-russe de la musique Preobrajensky.

1872. — — Salle Wagram.

1873. — — Cirque d'Été.

1874. — — Rouen.

1875. Affiche. Concert franco-russe illustrée par Caran d'Ache.
1876.   —   —   Hippodrome Skobellef.
1877.   —   —   soldats russe et français.
                                          1898.

MENUS ET CARTES D'INVITATION

—o—

1878. Carte d'invitation pour les Fêtes franco-russes de Toulon.
1879.   —   —   tribune réservée.
1880.   —   —   du Comité des Fêtes.
1881.   —   —   au Banquet des sous-officiers.
1882.   —   —   au toast d'honneur.
1883.   —   —   au punch d'honneur.
1884.   —   —   du Comité toulonnais.
1885.   —   —   Fêtes franco-russes.
1886.   —   Menu illustré « Toulon 1893. »
1887.   —   — de l'Élysée, dîner intime.
1888.   —   — illustré.
1889.   —   — du déjeuner offert par la ville de Toulon aux officiers de l'escadre russe.
1890.   —   — du dîner donné à l'Ambassade de Russie en l'honneur du comte Mouravief (1896).
1891.   —   — du dîner offert aux officiers de la marine russe, le 2 janvier 1892.
1892. Menu du Camp de Châlons.
1893.   —   franco-russe, illustration du moyen âge.
1894.   —   du banquet de la Fédération des Alsaciens-Lorrains, 3 octobre 1897.
1895. Carte d'invitation. Bataille des fleurs à Toulon, 15 octobre 1893.
1896. Circulaire des sous-officiers de Toulon à leurs camarades russes.
1897. Menu du « Pothuau ».

1898. Menu du banquet du Commerce offert à M. Félix Faure.

1899. Satin avec impression des toasts de Cherbourg, Paris, Châlons, Peterhof, Cronstadt, imprimé par Woestandieck.

1900. Volume : *Livre d'Or de l'Alliance franco-russe,* relatant les événements qui se sont accomplis de 1891 à 1898, par Philippe Deschamps. Cette édition de luxe renferme 25 gravures, dont plusieurs faites d'après des originaux de la collection Philippe Deschamps. Avant-propos, par l'honorable M. Alfred Mézières, de l'Académie française.

> NOTA. — Cet ouvrage est dédié par l'auteur à Leurs Majestés l'Empereur et l'Impératrice de Russie et à M. Félix Faure, Président de la République Française.

1900¹ Gravure avant texte : Le Baiser de l'Alliance, par Henri Toussaint.

1900² Nomenclature de la Collection P. Deschamps.

1900³ 2 Catalogues de la Collection offerte au Musée de Moscou par P. Deschamps.

1901. Catalogue de la Collection franco-russe offerte au Musée de Reims par M. Philippe Deschamps.

Gravures contenues dans le Livre d'Or de l'Alliance Franco-Russe.

1902. Le Baiser de l'Alliance, par Henri Toussaint.

1903. Les Marins russes à Toulon, par Marius Carpin, photographes.

1904. Le Président Sadi-Carnot, par Pierre Petit et fils, photographes.

1905. Le Président Casimir Périer, par Pierre Petit et fils, photographes.

1906. L'Apothéose du Tzar Alexandre III et du Président Carnot.

1907. Le Couronnement du Tzar Nicolas II, mai 1896.

1908. L'arrivée des Souverains Russes à Cherbourg.

1909. Menu de Cherbourg, par Stern, graveur.

1910. La Statue de Strasbourg le 6 octobre 1896.

1911. Le menu de l'Élysée, par Devambez, graveur.

1912. — de Cherbourg, par Stern, graveur.

1913. Le Cortège Impérial dans les Champs-Élysées le 6 octobre 1896, par Henri Toussaint.

1914. Le Président Félix Faure, par Pierre Petit et fils, photographes à Paris.

1915. Les médailles et plaquettes offertes au Tsar Nicolas II, par Buirette et Cie, héliotypie.

1916. Le menu du camp de Krassnoïé-Selo, 25 août 1897.

1917. Les deux Chefs d'État sur l' « Alexandria », après les toasts de l'Alliance, par Paul Boyer, photographe.

1918. Le Tzar Alexandre III et l'Impératrice Maria-Fedorovna, par Fillon et Heuse.

1919. La proclamation du Couronnement, par Buirette et Cie, héliotypie.

1920. L'Escalier d'honneur à l'Hôtel de Ville le 7 octobre 1896, par Henri Toussaint.

1921. La France recevant la Russie à Cherbourg, par Fillon et Heuse.

1921. *bis.* L'Aigle Impérial Russe, par Auger, bijoutier.

—o—

1922. Menu du dîner offert à l'Ambassade de France.

1923. —   —   à bord du « Pothuau », dessin de Detaille.

1924. Carte d'invitation de la Municipalité de Dunkerque. Bal offert le 31 août 1892 aux officiers de l'escadre du Nord.

1925. Carte d'invitation de la Chambre de Commerce de Dunkerque pour la réception faite au Président de la République le 31 août 1897.

1926. Programme du Concert donné le 26 octobre 1893 à Toulon pour les Fêtes franco-russes.

1927. —   du Concert donné à l'Élysée par la Musique russe.

1928. —   —   au Cercle militaire.

1929. —   —   au Cirque d'Été, 28 novembre 1897.

1930. —   —   au Cirque d'Été, 26 novembre 1897.

1931, —   de la soirée de gala des Fêtes franco-russes.

1932. Menu franco-russe, sujets allégoriques.

1933 à 1940. 8 menus du « Pothuau ».

1941. Menu de Versailles, 8 octobre 1896.

1942. — de l'Ambassade de Russie.

1943. Ordonnance de la Préfecture de police pour les Fêtes franco-russes du 6 octobre 1896.

1944. Carte d'invitation au Concert donné par la Musique russe.

1945. Programme du Concert donné à l'Opéra par la Musique russe Preobrajensky.

1946. Carte d'invitation au Concert russe donné à la Présidence.

1947. Programme du Concert de gala.

1948. Carte blanche. Invitation au Banquet de l'Alliance.

1949. — bleue. — —

1950. — rose. — —

PHOTOGRAPHIES DIVERSES

—o—

1951. Menu du camp de Krassnoïé-Selo par la maison Cueille et Despréaux.

1952. Statuette offerte par M. Félix Faure aux officiers du croiseur russe « Rossia », du sculpteur Massoulle.

1953. Cherbourg le 5 octobre 1896.

1954. La répétition de l'Hymne russe dans les campagnes de France.

1955. La Revue de Châlons, d'après le tableau de G. Scott. Salon de 1897.

1956. La Petite Ternisien et la Poupée russe.

1957. La Baron de Morenheim et l'amiral Avellan à Toulon.

1958. L'Amiral Avellan et l'amiral de la Jaille à bord du « Richelieu ».

1959. La Revue de Châlons, d'après le tableau de Georges Scott. Salon de 1897.

1960. Le Mariage des drapeaux, d'après le tableau de H. Berteaux. Salon de 1897.

1961. Le Tzar Nicolas II au Tombeau de Napoléon Ier, d'après le tableau de L. Beroud. Salon de 1897. Photographie par E. Bernard et Cⁱᵉ, éditeurs.

1962. Les Marins russes à Toulon, d'après les clichés de Marius Carpin.

1963. Les deux Chefs d'État à bord de l' « Alexandria », par P. Boyer.

1964. Les Souverains Russes à Versailles, 8 octobre 1897.

1965 à 1976. 12 diverses. L'escadre Russe à Toulon.

1977. Du service de table offert à l'Amiral Avellan par les patriotes d'Alger.

1978. Le Tzar Nicolas II, par Geiser, photographe à Alger.

1979. La Tzarine Alexandra-Feodorovna, par Geiser, —

1980. Reproduction de l'Image sainte trouvée dans une église de Sébastopol par le maréchal Pelissier, en 1855.

1981. La Bratina. Coupe exécutée par le grand-duc Serge de Russie.

1982. Banquets des matelots russes à Toulon.

1983.   —   —   à Ollioules.

1984. Débarquement à Toulon de l'amiral Avellan.

1985. La Marseillaise et l'Hymne russe.

1986. Photographie de M. Parès, chef de la musique de la Garde de Paris et de M. Friedman, chef de la musique Preobrajensky, clichés de Larger, photographe.

1987 à 1988. 2 Portraits en pied du Tzar Nicolas II d'après le tableau d'Edelfert. Salon de 1897, reproduits par H. Garnier, photographe.

1989. La France recevant la Russie.

1990 à 2001. 12 : L'escadre russe à Toulon, instantanés d'après les clichés de la maison Henri Garnier, de Paris.

—o—

Photographies de la Maison Ladrey-Dishéri.

2002. L'arrivée des Souverains Russes au Palais de Justice.

2003. L'Impératrice et M. Félix Faure au Palais de Justice.

2004. L'illumination des boulevards dans la soirée du 6 octobre 1896.

—o—

2005. Les Souverains Russes à Versailles.

2006. Le Couronnement du Tzar Nicolas II au Musée Grevin.
2007. Portrait du Tzar Nicolas II.

LINOGRAPHIES

De la Maison Pierre Petit et Fils, Photographes, Paris.

—o—

2008. Le Triomphe de la Paix.
2009. L'Apothéose du Tzar Alexandre III et du Président Carnot.
2010. Le Président Sadi-Carnot
2011.   —   Casimir Périer.
2012.   —   Félix Faure.
2013. Le Tzar Alexandre III et la Tzarine Maria-Feodorovna.
2014. Le Deuil de la Paix.

—o—

2015. Le Cortège Impérial dans les Champs-Élysées, sorti des presses de la maison Wittmann, imprimeur.
2016. Grand portrait du Président Carnot, par Pierre Petit et fils, photographes.
2017. Linographie : La France recevant la Russie
2018.   —   Petit portrait du Président Carnot.
2019.   —   —   . —   Casimir Périer.
2020.   —   —   —   Félix Faure.
2021.   —   Le Tzar aux Invalides.
2022. Photogravure : Le Tzar aux Invalides.
2023. Chromo : L'équilibre européen.
2024. Groupe de l'Alliance : Le Tzar et le Président.
2025 à 2027. 3 portraits, Tzar et Tzarine.

CHANSONS PATRIOTIQUES FRANCO-RUSSES

—o—

2028. Le Nez de la Triplice.

2029. Le Départ pour la Russie.

2030. Voyage du Président en Russie.

2031. Notre Président en voyage.

2032. Le Pioupiou du Havre.

2033. Tu vas là-bas, tu m'emmènes.

2034. Le Père Félix en Russie.

2035. Le Voyage présidentiel.

2036. L'Alliance franco-russe.

2037. Félix Faure en Russie.

2038. Partant pour la Russie.

2039. Bon voyage!

2040. Visite présidentielle.

2041. Tzar et Président.

2042. Le Chant de l'Alliance.

2043. La Tête de la Triplice.

2044. Pour voir Feliskoff.

2045. La valse du Président.

2046. La chanson du Tzar.

2047. Alliance franco-russe.

2048. Français et Russes.

2049. Feliskoff.

2050. Le Triomphe de la Paix.

2051. France et Russie.

2052. Les chansons patriotiques.

2053. Chanson du Tzar.

2054. La France en Russie.

2055. A l'Empereur Nicolas II.

2056. L'Alliance à Marianne.

2057. Fraternisons.

2058. La Paix armée.

2059. La Marche des tanneurs.

2060. Le premier tanneur de France.

2061. A la Cosaque.

2062. La ronde des Matelots.

2063. C'est Strogoff.

2064. Les Deux Sœurs.

2065. Ce qu'on n'oublie pas.

2066. La mort de Lobanoff.

2067. Les étrennes de la France.

2068. Vierges de Russie.

2069. La Russomanie.

2070. Je bois à la Russie.

2071. Chanson du Tzar Alexandre III.

2072. Les Enfants de Moscou.

2073. La ronde des Matelots.

2074. Nitchévo !

2075. Quand on est deux on s'fiche de trois.

2076. L'Enfant russe.

2077. Lettre d'un bébé français.

2078. M'sieu Protocole!

2079. Pierre le Charpentier.

2080. Nadège.

2081. Pour le Tzar !

2082. A deux peuples frères.

2083. Dieu garde l'Empereur.

2084. Salut à Saint-Pétersbourg.

2085. Les Gardes du Kremlin.

2086. Troïka.

2087. Vivent le Tzar et la Russie !

2088. L'Entrevue russe.

2089. Je n'ai pas vu le Tzar.

2090. Le Nord et l'Occident.

POÉSIES

—o—

2091. Cantate à la Cloche « Alexandre-Nicolas ».

2092.   —   du Baiser de France.

2093.   —   à la Cloche russe.

2094.   —   à l'Ami de la France.

2095.   —   au Tzar Alexandre III et au Président Carnot, par J.-Marie Rollin, le poète boulonnais.

2096. Poésie franco-russe de J.-M. Rollin, le poète boulonnais.

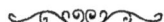

JOURNAUX ET IMPRIMÉS

—o—

2097. Journal illustré « Le Myosotis ».

2098.   —   « La Poupée de l'Alliance ».

2099.   —   « Le Soleil ». Le Président à bord du « Pothuau ».

2100.   —   « Le Pellerin ». La Musique russe à l'Élysée.

2101 à 2125. 25 journaux, épisodes franco-russes.

2126.   —   Ser-Wahrs-Jacob de Stuttgard.

2127 à 2130. 4 journaux « La Rana de Bologne ».

2131.   —   « Ulk ». L'Angleterre abandonnée.

2132.   —   « Le Rire ». Félix Ier chez Nicolas II.

2133.   —   « Le Der-Floh ». La servante russe, l'entrevue de Saint-Pétersbourg.

2134.   —   « La Libre Parole ».

1135 à 2142. 8   —   « Le Fischetto » de Turin.

2143.   —   Fêtes russo-francs.

2144 à 2147. 4   —   Funérailles du Tzar Alexandre III.

2148 à 2151. 4   —   « La Silhouette ».

2152 à 2155. 4   —   « Le Grelot ».

2156 à 2159. 4   —   « Le Pilori », dessins de l'Alliance.

2160 à 2161. 2 journaux « La Comédie ».

2162 à 2165. 4   —   « L'Illustration ».

2166 à 2169. 4   —   « Le Perroquet », dessins satiriques.

2170 à 2205. 36 journaux illustrés étrangers.

2206 à 2209. 4   —   « Le Monde illustré ».

2220 à 2213. 4   —   « L'Univers illustré ».

2214.   —   « Life ».

2215 à 2218. 4   —   « Justice Blatter ».

2219.   —   « L'Illustration » : Le Banquet du Commerce.

2220.   —   « Le Petit Journal » : Arrivée au Havre des cadeaux du Tzar à la France.

2221 à 2235. 15 numéros. Épisodes du règne d'Alexandre III.

2236. Les Musiciens russes, le jugement de Paris.

2237. Journal « Le Soleil Illustré ».

2238.   —   La Petite Ternisien.

2239.   —   Marie Foutchkow.

2240.   —   Illustrations italiennes : « L'Alliance ».

2241. Les Musiciens russes à Paris.

2242.   —   à la caserne de la Pépinière.

2243 à 2267. 25 numéros divers : Sujets franco-russes.

2268 à 2297. 60 journaux quotidiens : L'Alliance franco-russe.

2298 à 2301. 4   —   illustrés hollandais.

2302.   —   « Le Monde illustré » : Le Banquet de l'Alliance.

2303 à 2305. 3 numéros du journal « Le Colonial » : Fêtes franco-russes.

2306. Journal « Le Messager franco-russe ».

2307 à 2321. 15 numéros de journaux illustrés divers.

2322 à 2407. 86   —   quotidiens.

GRAVURES, DESSINS, IMAGES ET CHROMOS

—o—

2408. Toulon : Les quais et la rade pendant les Fêtes franco-russes.

2409 à 2420. 12 feuilles. Épisodes du voyage en France des Souverains Russes.

2421. 1 feuille. Marguerite et Faust.

2422 à 2423. 2 images anciennes avec textes russes (1850), provenant des archives de l'imagerie Pellerin et Cie d'Épinal.

2424. Funérailles d'Alexandre III, édité par la maison Pellerin d'Epinal.

2425. Feuille illustrée pour éventails franco-russes, de la maison E. Buissot.

2426. Feuille décorée pour abat-jour.

2427. Diplôme de l'Exposition franco-russe en 1896.

2428. Chromo : Au Présent et à l'Avenir.

2429. Programme en russe : Cabaret du Chat-Noir.

2430 à 2435. 6 chromos : Réception de l'escadre russe.

2436. Vignette, la Moscovite.

2437. Costumes de Pologne.

2438. Décors d'église russe.

2439. Coiffures de popes.

2440. Métropolitains russes.

2441. Le Symbole de l'Alliance.

2442 à 2451. 12 dessins : Construction de l'église Isaac de Saint-Pétersbourg.

2452. Chromo : Le Tzar à cheval, succès fin de siècle, l'Alliance franco-russe.

2453. —   Le Salut présidentiel.

2454. —   Le Président et les Souverains Russes.

2455. Chromo-Carte. Les toasts de Cherbourg.

2456. —   —   de Péterhof.

2457. —   — de l'Alliance.

2458. —   — des toasts.

2459. Jeux de cartes : Le piquet de l'Alliance.

2460 à **2487**. 28 cartes postales franco-russes illustrées.

2488. Feuille de construction. Les deux Amis.

2489. — — l'Hymne russe.

2490. Feuille de l'éventail décoré par Mme L. Abbéma et offert aux officiers de l'escadre russe, imprimé par la maison Lemercier.

2491. Éventail offert aux officiers russes au gala de l'Opéra (1893), imprimé par la maison Lemercier.

2492. Chromo : Cronstadt-Toulon avec les portraits des Fondateurs de l'Alliance. Imprimerie Lemercier.

2493. Vignette : La Moscovine de L. Gay à Lyon.

2494. — Menthe russe.

2495. — Champagne « Le Pothuau », château de Dizy, Marne.

2496. — Tzar, apéritif.

2497. — Tzarina-Champagne de la maison Auloy fils.

2498. — Olga-Champagne. — —

2499. — Royal-Moscou.

2500. Biscuits franco-russes de Georges Vallon à Troyes.

2501. Amer-Tzar.

2502. Russ-Apéritif.

2503 à **2827**. 325 vignettes diverses franco-russes.

2828. — liqueur de l'Alliance.

2829. — anis de Russie.

2830. — l'Alliance franco-russe.

2831. — parfum Moscovia.

2832. — champagne russe.

2833. — curaçao russe de Fremy fils, à Chalonnes.

2834 à **2835**. 2 chromos : Cronstadt-Toulon, France-Russie.

2836. Numéros pour conscrits, classe 1897.

2837. — Cronstadt-Toulon.

2838. — France-Russie.

2839. Image : Le Retour du Président à Paris.

2840. Image coloriée : M. Félix Faure à la chapelle de l'Hôpital français à Saint-Pétersbourg.

2841. — soldats russes et français.

2842. — France-Russie.

2843. — le spectre de Carnot.

2844. — deuil à Sadi-Carnot.

2845. Chromo : Les Fondateurs de l'Alliance Cronstadt-Toulon, de la Société des imprimeries Lemercier.

2846. — L'Armée de l'Alliance.

2847 à 2861. 15 cartes postales illustrées : Voyage du Président en Russie.

2862 à 2871. 10 feuilles diverses, papier à lettre franco-russe.

2872. Image : Le Mariage de la République avec l'Ours blanc.

2873 à 2892. 20 cartes chromo : Les Toasts.

2893. Feuille « Souvenir ».

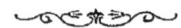

AFFICHES FRANCO-RUSSES
—o—

2894. Skobeleff.

2895. Michel Strogoff.

2896. La Néva. Biscuits de Lefèvre-Utile.

2897. Cronstadt-Toulon.

2898. Sainte Russie.

2899. La Cosaque.

2900. Le Petit Moujick.

2901. Fêtes franco-russes des Tuileries.

2902. Le Tzar à Paris.

2903. Le Couronnement du Tzar Nicolas II au Musée Grévin.

2904. Le Petit Faust, en russe.

2905. Pour les pauvres de France et de Russie.

2906. Le Courrier du Tzar.

2907. La Boîte à sel.

2908. Savon souvenir de Cronstadt.

2909. Exposition russe au Champ-de-Mars.

2910. La France en Russie, voyage du Président.

AFFICHES ET TABLEAUX FRANCO-RUSSES

—o—

2911. Les Mères ennemies.

2912. Les Darnicheffs.

2913. Michel Strogoff.

2914. La Vie pour le Tzar.

2915. La France en Russie.

2916. La Musique du régiment de Preobrajensky.

2917. Exquis Guillout.

2918. L'Entrée du Tzar à Paris.

2919. Concert franco-russe par la Musique de Preobrajensky.

2920. Magasins du Pont-Neuf : Enfants russes et français.

2921. Le nouveau jouet : Alliance franco-russe.

2922. Jouet : La Duplice contre la Triplice.

2923. Tableau : Kremlin, sirop russe, de Simonot, à Cambrai.

2924.   —   de l'Alliance franco-russe.

2925.   —   Soda-Russe.

2926.   —   Tzar, sirop russe de Béal-Weippert, à Cambrai.

2927.   —   Savon de l'Aigle russe.

2928.   —   Limonade franco-russe, de Claude Gorce.

2929.   —   Russ-Apéritif.

2930.   —   Amer-Tzar.

2931.   —   en tôle émaillée : La Moscovine, de L. Gay, à Lyon.

2932.   —   Tzar-Apéritif, de Coulloudon, à Guéret.

2933. Tableau : Royal-Moscou, champagne de Milhau-Crémieux.

2934. Boîte illustrée : La double Alliance.

2935.   —   France-Russie.

2936.   —   Bienvenue.

2937.   —   Moscou.

2938. Papier de l'Alliance.

2939.   —   de Moscou, de Bécoulet, à Angoulême.

2940. Boîte illustrée : Fromage franco-russe.

2941.   —   —   Saint-Nicolas.

2942.   --   —   des bons Petits Russes.

2943. Boîte à papier à lettre : France-Russie, de la maison Laroche-Joubert, à Angoulême.

2944. Le Pothuau, champagne, André Bottet, château de Dizy.

2945. Carte des Alsaciens-Lorrains : France et Russie, la Triplice.

VOLUMES, BROCHURES, OPUSCULES, FASCICULES ET ALBUMS

—o—

9246. « Livre d'Or de l'Alliance franco-russe », édition de luxe offerte à S. A. I. le grand-duc Serge, président du Musée Historique de Moscou.

2947. « Livre d'Or de l'Alliance », édition de luxe offerte à S. E. le prince Scherbatof, directeur du Musée Historique de Moscou.

2948. Le Président en Russie.

2949. Les Fêtes de l'Alliance.

2950. Allocution patriotique prononcée par M. Le Senne, député de Paris, au Concert franco-russe de la salle Wagram.

2951. Musée des Souverains.

2952. Les carricatures étrangères sur l'Alliance franco-russe.

2953. Les marins russes en France.

2954. La cuisine franco-russe, par M. de Saint-Arroman.

2955. La Russie en images.

2956. Volume, couverture franco-russe.

2957. Le Tzar à Paris.

2958. L'Entente franco-russe.

2959. Le Tzar et la Revanche.

2960. Cherbourg-Paris.

2961. Paris moderne.

2962. Le Président en Russie, album avec photographies.

2963. La Marche du Sacre, édition de luxe, par M. A. Magnier, éditeur à Paris.

2964. Le voyage du Président en Russie, album édité par le « Journal des Débats ».

2965 à 2970. 6 numéros. Le Panorama. M. Félix Faure en Russie, par la maison L. Baschet, éditeur.

2971 à 2982. 12 numéros. Les Souverains Russes en France, de la maison L. Baschet, éditeur.

2983 à 2988. 6 numéros. Les Fêtes de l'Alliance, L. Baschet, éditeur.

2989. Le général Gourko.

2990. L'Alliance.

2991. La France en Russie.

2992. Cronstadt-Toulon.

2993. La question d'Alsace-Lorraine.

2994. Le Testament de Bismarck.

2995 à 3006. 12 cahiers d'écoliers : Voyage du Tzar en France.

3007 à 3018. 12   —   Voyage du Président en Russie.

3019. Acrostiche dédiée à S. A. I. le grand-duc Alexis.

3020. Poésies de J.-M. Rollin, ouvrier cordonnier, poète boulonnais.

3021. — au Tzar Alexandre III.

3022. — au grand-duc Alexis.

MORCEAUX DE MUSIQUE POUR PIANO

—o—

3023. Les Pioupious du Havre.

3024. A la Cosaque.

3025. Ce qu'on n'oublie pas.

3026. Chanson du Tzar Alexandre III.

3027. Nadège.

3028. Le Nord et l'Occident.

3029. La Marche des Tanneurs.

3030. Olga-Champagne.

3031. Cronstadt-Champagne.

3032. Tzar-Champagne.

3033. Rousskaïa, mazurka russe.

3034. La Moscovite.

3035. Vive le Czar !

3036. Marche des petits matelots.

3037. Marche russe.

3038. Slaves et Francs.

3039. Toulon-Cronstadt.

3040. A la Russie, buvons.

3041. Hymne patriotique du Czar.

3042. Cherbourg-Paris.

3043. La Franco-Russe.

3044. Nadine.

3045. Czarine, dédié à l'Impératrice de Russie.

3046. Oneguine, opéra russe.

3047. La Néva.

3048. Moscovite, mazurka.

3049. Czarine, polka.

3050. Messager du Tzar.

3051. Morceau de Borowski.

3052. Rêverie sur la Néva.

3053. Polka des bébés franco-russes.

3054. Montagnes russes.

3055. Apothéose d'Alexandre III.

3056. L'Union des Nations.

3057. Olga-Paris.

3058. Cronstadt : S. M. le Tzar Alexandre III.

3059. Chanson russe pour piano.

3060. Marche militaire.

3061. L'Alliance à Marianne.

3062. Stances au baron de Freederichsz.

3063. La Marche de l'Alliance.

3064. La Toulonnaise, marche franco-russe.

3065. Dieu sauve l'Empereur.

3066. La France russe, valse.

3067. L'Alliance.

3068. Hymne russe.

3069. Royal-Moscou (champagne).

3070. Marche russe.

3071. Russie et France, hymne patriotique.

3072. Valse Feodorovna.

3073. A S. M. Nicolas II, variations sur l'Hymne russe.

3074. Francillonnette et Nicolas.

3075. Olga-Polka.

3076. La Marseillaise.

3077. Poésie avec portrait du Tzar Alexandre III.

3078. L'Hymne russe et la Marseillaise, écrites dans une circonférence égale à celle d'une pièce de 50 centimes. Œuvre de M. A. Gaillard, de Dijon.

3079. Cadre en filigrane. Portrait du russophile Philippe Deschamps.

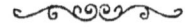

ŒUVRES D'HENRI TOUSSAINT

—o—

3080. Le Cortège Impérial. Eau-forte.

3081. Le Baiser de l'Alliance. Dessin.

3082. L'Escalier d'honneur de l'Hôtel de Ville de Paris le 7 octobre 1896. Eau-forte.

3083. France et Russie. Symbole de l'Alliance. Dessin.

—o—

3084 à **3089.** 6 gravures anciennes. Vue du Kremlin et divers.

3090. Tableau plissé à double vue : le Tzar et la Tzarine.

3091. Rouleau patriotique.

3092.   —   souvenir des Fêtes franco-russes.

3093. Paysan russe. Eau-forte de Bachiloff (1862).

3094. Calendrier de 1898. Les Souverains Russes.

3095.   —   La Jeune France.

3096. Papier illustré, soldats russes et français.

3097. Almanach de l'Alliance franco-russe.

3098. Éphéméride franco-russe de 1898.

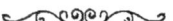

PAPIERS A CIGARETTE FRANCO-RUSSE

—o—

3099. Le Russe.

3100. L'Escadre française à Cronstadt.

3101. Pax-Robur.

3102. Cronstadt-Toulon.

3103. Le Franco-Russe.

3104. Le Tzar.

3105. Papier russe.

3106 à **3111.** 6 feuilles de papier à lettre, illustrées.

BIBELOTS FRANCO-RUSSES

—o—

3112. Question du jour : Faites tourner la machine.

3113. Cinématographe de poche aux couleurs russes.

3114. Papier à lettre franco-russe P. Deschamps.

3115. Le kaleidoscope, surprise.

3116. Boîtes à bonbon avec drapeaux.

3117. Tableau plissé à double vue : le Tzar.

3118. —   la Tzarine.

3119. —   les Souverains Russes.

3120. Feuille décorée pour éventail, au milieu : portraits des deux Souverains entourés des drapeaux des deux nations, créé par la maison E. Buissot, éventailliste.

3121. Feuille-souvenir : Ancre de marine.

3122. Sujet allégorique : La France recevant la Russie.

3123. Feuille : Ancre découpée.

3124. — portrait du Tsar écrit avec 61,800 lettres.

3125. — — du Président Carnot, 62,000.

3126. — — — Félix Faure, 61,2000.

3127. — — — Casimir Périer, 54,600.

3128. Portraits des Souverains en costumes de Couronnement.

3129. Jeu de l'Alliance franco-russe : La Duplice contre la Triplice.

3130. Enseigne patriotique.

3131. Feuille décorée pour éventail.

3132 à 3143. 12 boîtes illustrées pour papier à lettre.

3144. Couteau : L'Auvergne à la Russie.

3145. Mirliton-drapeau.

3146. Cartes illustrées à savon.

3147. Carton étain avec sujet allégorique. Paris, octobre 1896.

3148. — rond, effigies des Souverains Russes.

3149 à 3154. 6 mouchoirs franco-russes.

3155. 1 — en soie jaune avec aigle.

5156. 1 mouchoir tricolore russe.

3157. Grand foulard en soie. Spécimen des 2.500 offerts par la fabrique lyonnaise à l'amiral Avellan, avec inscriptions en russe : La Ville de Lyon aux Marins russes.

3158. Cinématographe de poche. Le Salut impérial.

3159.   —   Le Salut présidentiel.

3160.   —   L'Accolade.

3161. Médaille offerte aux marins russes par l'Association tonkinoise..

3162.   —   dorée. Souvenir de la proclamation de l'Alliance.

3163.   —   argentée   —   —

3164.   —   argentée, armoiries de France et de Russie.

3165.   —   en métal blanc.

3166.   —   offerte aux Musiciens du régiment de Preobrajensky.

3167.   —   offerte par le général Jeaningros.

3168.   —   offerte au chef de la Musique russe par la Société des Dames françaises.

3169.   —   offerte par la ville de Toulon aux officiers et marins de l'escadre russe.

3170. Bijou : Porte-bonheur de l'Alliance, de la maison Auger, joaillier.

3171. Tir de l'Alliance.

3172. Savon de l'Alliance.

3173.   —   de la double Alliance, de V. Vaissier.

3174. Plastron de chemise parsemé de drapeaux russes et français.

3175. Paquet de cigarettes franco-russes.

3176 à **3177.** 2 pipes marseillaises franco-russes.

3178. Mouchoir : Cronstadt-Toulon, avec drapeaux brodés.

3179. Danseuse Russo-Franc.

3180.   —   Franco-russe.

3181.   —   de l'Alliance.

3182 à **3187.** 6 cocardes.

3188. Pelote casquette russe.

3189. Cendrier Cronstadt-Toulon.

3190. Cendrier la Moscovine.

3191 à 3196. 6 boîtes métalliques : Thé du Tzar.

3197. Boîte à madeleine franco-russe.

3198. Jouet : Le Salut présidentiel.

3299. Portefeuille-souvenir de Souverains Russes.

3200. Porte-carte en cuir.

3201. Petite lorgnette en os : Les Souverains Russes.

3202. Rosette de l'Alliance.

3203. Jeu de cartes franco-russe.

BIJOUTERIE PARISIENNE

—o—

3204 à 3213. 10 épingles de cravate diverses.

3214 à 9239. 26 broches populaires.

3240. Porte-cigarette en métal avec scène russe.

3241 à 3306. 66 insignes patriotiques différents.

3307 à 3308. 2 broches : Vive l'Alliance !

3309. — France et Russie.

3310. — Armoiries russes.

3311 à 3312. 2 broches : la Tzarine.

3313 à 3318. 6 boutons, décorations patriotiques.

3319 à 3320. 2 drapeaux franco-russes.

3321 à 3322. 2 bagues de l'Alliance.

3323. Montre franco-russe.

3324 à 3345. 22 cocardes et emblèmes patriotiques.

3346 à 3351. 6 médailles franco-russes.

3352 à 3357. 6 oiseaux —

3358 à 3359. 2 bonbonnières en métal.

3360. Épingle de cravate pneumatique.

3361. Pax-Robur.

3362 à 3363. 2 broches Olga.

3364 à 3367. 4 — aigles russes.

3368 à 3371. 4 broches armoiries.

3372 à 3375. 4   —   timbres-postes.

3376 à 3379. 4 chaînes de montre. Souvenirs de Toulon.

3380 à 3383. 4   —   en acier avec médaille.

3384 à 3385. 2   —   franco-russes.

3386 à 3387. 2 médaillons myosotis.

3388 à 3389. 2   —   commémoratifs.

3390 à 3391. 2 médailles : Cloches de Châtellerault.

3392 à 3393. 2 chaînes, aigles russes.

3394 à 3395. 2   —   Toulon.

3396.   1   —   offerte aux Musiciens russes 1897.

3397 à 3398. 2   —   Président Faure.

3399 à 3400. 2   —   Tzar et Tzarine.

3401 à 3411. 11   —   commémoratives diverses.

3412 à 3415. 4 bagues franco-russes.

3416. Clochette de Châtellerault avec drapeaux.

3417. Cendrier en faïence de Nevers avec drapeaux alliés.

3418. Médaille dorée Félix Faure.

3419.   —   argentée   —

3420. Broche de l'Alliance.

3421. Bague de l'Alliance.

3422 à 3423. 2 bagues franco-russes.

3424. Diadème avec pierreries, par Hoden.

3425. Broche Nicolas II.

3426.   —   Couple Impérial.

3427.   —   —   bordure guillochée.

3428.   —   populaire.

3429 à 3430. 2 boutons de manchettes franco-russes.

3431.   —   fleur de l'Espérance.

3432.   —   —   de l'Alliance.

3433 Verre : Toasts de Peterhof.

3434.   —   gravé : Portrait du Tzar.

3435.   —   —   —   de la Tzarine.

3436.   —   —   Cloche « Alexandre-Nicolas ».

3437. Lanterne franco-russe.

3438. Cadre en cuivre : Portrait du regretté Président Carnot.

3439. Plateau : Le pain et le sel.

3440 à 3449. 10 boîtes illustrées pour parfumerie franco-russe.

3450 à 3479. 30 médailles et insignes.

3480 à 3565. 86 journaux divers : Épisodes du voyage du Président en Russie.

3566. Programme des Fêtes franco-russes de Toulon, 1893.

3567 à 3568. 2 assiettes en porcelaine de Sèvres, bordure bleu royal avec portraits des Souverains Russes.

3569. Assiette : Président Casimir Périer.

3570. Verre : Cloche « Alexandre-Nicolas ».

3571. Boîte illustrée : Savon de l'Alliance franco-russe, de V. Vaissier.

3572. Boîte illustrée : Portrait du Tzar Nicolas II.

3573.   —   — du Président Félix Faure.

3574 à 3575. 2 ballons vénitiens franco-russes.

3576. 1 lanterne vénitienne franco-russe.

3577. Le Baiser fraternel. Belle image coloriée de la maison Pellerin d'Épinal.

3578. Éphéméride 1898 : La Famille Impériale.

3579. Feuille illustrée : La Coiffure franco-russe.

3580. Couteau de l'Alliance.

3581. Porte-carte en cuir : Portraits des Souverains.

3582. Calendrier franco-russe du « Petit Parisien ».

3583.   — éphéméride, les petits Matelots.

3584. Assiette, écus des deux Nations.

3585. Image en noir. Le Baiser de l'Alliance.

3586. Aquarelle : L'Accolade des deux Chefs d'État sur l' « Alexandria ».

3587. Journal « La Cloche illustrée du Havre ».

3588.   — « Le Courrier du Havre », une fête de marins.

3589.   — « L'Union républicaine », une fête franco-russe.

3590. Poésie : Au sujet des souvenirs franco-russes de la Collection P. Deschamps, par J.-M. Rollin, poète boulonnais.

3591 à 3596. 6 porte-monnaie franco-russes.

3597 à 3598. 2 couteaux   —

3599 à 3602. 4 médaillons en bois durci, à l'effigie des Souverains.

3603 à 3604. 2 carnets franco-russes.

3605 à 3606. 2 calepins   —

3607 à 3610. 4 pipes en terre.

IMAGES PATRIOTIQUES
De la Maison Pellerin et Cie d'Epinal.

—o—

3611. La France : Alsace-Lorraine ! Une Alsacienne, les mains jointes, l'air suppliant, dit, s'adressant à la France et à la Russie :

Ne nous oubliez pas !

au-dessous :

Confiance et espoir.

3612. Alliance avec sujets allégoriques.

3613.   —   —   coloriés allégoriques.

3614. La France : N'oubliez pas l'Alsace et la Lorraine !

Nos deux Nations amies et alliées. L'Alsace et la Lorraine à genoux, leurs regards dirigés vers la France, implorent leur délivrance, et 27 ans se sont écoulés depuis ce rapt odieux !

3615. Le Baiser de l'Alliance. Numéro pour conscrit de 1898. Copie de l'original appartenant à P. Deschamps.

3616. Le Baiser fraternel, numéro de conscrit.

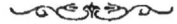

PHOTOGRAPHIES, AQUARELLES ET DESSINS DIVERS

—o—

3617. L'Alliance des cœurs d'après l'original de la collection P. Deschamps.

3618. Aquarelle : l'Accolade des deux Chefs d'État sur l'« Alexandria ».

3619. Album, souvenir des fêtes franco-russes, 17 photographies produites avec les appareils de Mackenstein.

3620. Photographie, programme de la cérémonie du baptême de la cloche « Alexandre-Nicolas ».

3621 à 3622. 2 photographies l'Église et la Cloche. Châtellerault.

3623. — Revue navale à Cherbourg.

3624. — L'escadre, 5 octobre 1896.

3625. — Le Cortège Impérial se rendant à Sèvres.

3626. — Le Cortège Impérial dans le Parc de Saint-Cloud.

3627. — Portrait en pied de S. M. le Tzar Nicolas II, d'après le tableau d'Edelfelt, photophies de H. Garnier.

3628. — Les Souverains Russes à l'Académie, d'après le tableau du Salon de 1897.

3629 à 3665. 37 photographies diverses, épisodes du voyage en France de LL. MM. l'Empereur et l'Impératrice de Russie.

3666 à 3667. 2 photographies, la Statue de Carnot à Angoulême.

3668 à 3673. 6 petites photographies. Famille Impériale de Russie.

3674 à 3677. 4 — — les Présidents.

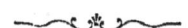

JOURNAUX ET IMAGES COLORIÉES ET NOIRES

—o—

3678 à 3737. 60 images diverses.

3738 à 3740. 3 feuilles, dessins coloriés, soldats russes, chromo : « Pax ».

3741 à 3746. 6 feuilles avec aigle russe et bordure tricolore, de la maison Cartigny et Forget.

3747. Triptyque, image des Fondateurs de l'Alliance.

3748 à 3751. 4 feuilles « Souvenir ».

3752 à 3761. 10 bandes à imprimés franco-russes.

3762. Gravure en couleur : La Poignée de mains du Tzar et de Carnot.

3763 a 3792. 30 gravures russes anciennes.

3793. La Cloche illustré, journal du Havre.

3794. Le Courrier du Havre, punch franco-russe.

3795. L'Union Républicaine, une Fête franco-russe.

3796. Poésie, les Souvenirs franco-russes de P. Deschamps, au Musée de Moscou, par J.-M. Rollin, le poète boulonnais.

3797. Verre avec portrait du Tzar.

3798. —   —   de la Tzarine.

3799. —   cloche « Alexandre-Nicolas ».

3800. Plastron de chemise imprimé avec drapeaux russes.

3801. Assiette: dans l'aigle russe, le Tzar Alexandre III.

3802 à 3813. 12 assiettes, scènes franco-russes de Cronstadt-Toulon.

3814. Assiette en porcelaine de Sèvres, bordure dorée, bleu royal, le Tzar.

3815. Assiette en porcelaine de Sèvres, bordure dorée, bleu royal, la Tzarine.

3816. Question de l'Alliance.

3817. Illustration : Le Concert européen.

VIGNETTES COMMERCIALES FRANCO-RUSSES

—o—

3818. Vignettes, dattes Romanoff.

3819. —   salut au Tzar.

3820. —   la Moscovite.

3821. —   couteau russe.

3822. —   l'Union franco-russe.

3823. —   le Moscou.

3824. —   violette Olga.

3825. Vignettes aux Amis de la France.

3826.   —   biscuits franco-russes.

3827.   —   —   du Kremlin.

3828. Soie moscovite.

3829. Laine Cronstadt.

3830. Salade russe (bonbons de la maison Girard).

3831. Cirage Souwaroff.

3832. Crème Olga.

3833. Sardines franco-russes.

3834. La Moscova.

3835. La Russophile.

3836. Rhum Olga.

3837. Crème moscovite.

3838. Croquettes du Tzar.

3839. Le Franco-russe.

3840. Banquet de l'amitié.

3841. Bouquet : L'Alliance franco-russe.

3842.   —   Deuil russe.

3843. Néva, biscuits russes, de Lefèvre-Utile.

3844. Porte-lettre franco-russe.

3845. Bougie de Cronstadt.

3846 à 3995. 150 vignettes diverses.

3996. Étiquettes à fromage.

3997. Le Franco-Russe.

3998. Le Saint-Nicolas, dessert russe.

3999. Les bons petits Russes.

4000. L'Alliance franco-russe.

4001. Boîte à fromage franco-russe.

4002.   —   des bons Russes.

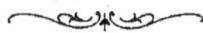

TABLEAUX DE COMMERCE FRANCO-RUSSES

—o—

4003. Savon : Fleurs russes, de la maison V. Vaissier.

4004.   —   Fleurs moscovites   —

4005. L'Union fait la force.

4006. L'Alliance franco-russe.

4007. La Moscovite.

4008. La Franco-Russe.

4009. Saucisson de Cronstadt.

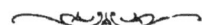

PHOTOGRAPHIES

Des principales couronnes envoyées de Paris pour les funé-
railles du Tzar Alexandre III et offertes à la mémoire du
Président Carnot.

—o—

Couronnes exécutées par M. L. Tesson, joaillier à Paris.

4010. Couronne offerte par M. Casimir Périer, Président de
la République, à Alexandre III ; elle est formée de deux bran-
chages de chêne : à la partie haute, un large ruban en argent
réunit les deux branches en maintenant un rameau d'olivier
en or vert. Cette couronne de 2 mètres de hauteur, chef-
d'œuvre d'orfèvrerie, est appliquée sur un manteau impérial
en velours à franges d'argent décoré de deux drapeaux français et russe voilés de crêpe.

4011. Couronne en argent ciselé avec une inscription : *A Sa*
Majesté l'Empereur Alexandre III, les habitants de Ver-
sailles, 1er novembre 1894.

4012. Couronne en immortelles, garnie de rubans en argent
avec palmes ; inscription ciselée : *Pour la Patrie, les sciences*
et la gloire au Président Carnot, ses camarades de promo-
tion.

4013. Couronne en argent ciselé : *L'École polytechnique au*
Président Carnot.

4014. Palme en argent ciselé et repoussé : *Au Président Car-*
not, l'Ecole militaire de Saint-Cyr, 1er bataillon de France.

4015. Couronne en argent ciselé : *L'École Monge au Prési-*
dent Carnot.

4016. Couronne en argent ciselé, déposée par M. Félix Faure, le jour de l'anniversaire de la mort du Président Carnot : *Au Président Carnot, le Gouvernement de la République, 24 juin* 1895.

Maison André Aucoc, joaillier.

4017. Couronne en argent massif, envoyée par la Presse française aux funérailles du Tzar Alexandre III. Maquette de Falguière, exécutée en argent.

4018. Couronne offerte par la Compagnie des Agents de change de Paris, avec bas-relief de H. Peyrol.

4019. Couronne offerte par la Colonie russe de Paris : *La Russie pleurant son Tzar bien-aimé.*

Maison L. Falize, orfèvre.

4020. Rameau d'olivier d'or fin, déposé par M. Félix Faure sur le tombeau du Tzar Alexandre III à Saint-Pétersbourg.

4021. Couronne offerte par le Tzar Nicolas II à la mémoire de Carnot, exécutée par le sculpteur Antocosky et l'orfèvre L. Falize.

4022. Surtout d'argent offert au Tzar Nicolas II, à l'occasion de son couronnement.

4023. Vase d'orfèvrerie et de cristal offert à l'Impératrice de Russie par le Conseil municipal de Paris, 1896.

4024. Vase artistique offert à l'Impératrice de Russie par la ville de Paris.

4025. Truelle d'or fin exécutée pour la pose de la première pierre du pont Alexandre-III.

4026. Marteau d'or, d'ivoire et d'acier, portant d'un côté la lettre N avec un rameau d'olivier et le mot *Pax*, de l'autre R. F. avec une branche de chêne et le mot *Robur*, exécuté pour la cérémonie du pont Alexandre-III.

4027. Couronne artistique envoyée par la ville du Havre aux funérailles d'Alexandre III.

4028. Calam (porte-plume) d'or ciselé offert au Tzar Nicolas II pour signer le procès-verbal à la cérémonie du pont Alexandre-III.

Maison Christofle et Cie , orfèvres à Paris.

4029. Palme en argent massif avec inscription : *A la mémoire de Carnot, Président de la République. Les fonctionnaires et employés de la Préfecture de la Seine.*

4030. Palme en argent massif, au centre de l'inscription les armoiries impériales : *A Sa Majesté l'Empereur Alexandre III, le Ministère des Affaires étrangères, le Corps diplomatique et consulaire de France.*

> Ces deux pièces remarquables ont été exécutées par MM. Christofle et Cie.

Couronnes exécutées par la Maison Thiébaut frères.

4031. Couronne offerte par le Ministère de la Marine.

4032.   —   la Mission française.

4033.   —   le général de Boisdeffre.

—o—

4034. Calendrier de 1898 : La Famille Impériale.

4035. Carafon à liqueurs, gravé : Le Tzar.

4036.   —   —   La Tzarine.

4037. Buste en plâtre : Le Tzar.

4038.   —   La Tzarine.

4039. Assiette, bord festonné : M. Félix Faure.

4040. Journal illustré : Le prince Ourousoff.

4041. Porte-monnaie : Le Tzar et le Président.

4042.   —   Le Couple Impérial.

4043. La France soutenant trois médaillons : Le Tzar et le Président, au dessous la Tzarine.

4044. Affiche, pâté russe.

4045.   —   franco-russe, Bal du déficit.

4046.   —   du Pont-Neuf. Soldats russes et français.

SUPPLÉMENT AU CATALOGUE

DOCUMENTS OFFICIELS

Affiches, Proclamations des Maires, fête de l'Alliance
31 août 1897.

4047. Affiches : Ville de Saint-Cyr-l'École.
4048.　　—　　　—　　Gournay-en-Bray.
4049.　　—　　　—　　Noyon.
4050.　　—　　　—　　Montereau.
4051.　　—　　　—　　Argenteuil.
4052.　　—　　　—　　Roye.
4053.　　—　　　—　　Bondy.
4054.　　—　　　—　　Rive-de-Gier.
4055.　　—　　　—　　Fécamp.
4056.　　—　　　—　　Béziers.
4057.　　—　　　—　　Épinal.
4058.　　—　　　—　　Fontenay-sous-Bois.
4059.　　—　　　—　　Saintes.
4060.　　—　　　—　　Château-Gontier.
4061.　　—　　　—　　Pacy-sur-Eure.
4062.　　—　　　—　　Albi.

—o—

4063. Journal illustré : « L'Image pour rire ».
4064.　　—　　　— : « Le Petit Français », édité par la maison Colin et Cⁱᵉ.

4065. Poésie dédiée à M. Félix Faure, par l'abbé Olga-Néva Mottet.

4066 à **4068.** 3 porte-plumes. Tzar et Carnot.

4069. Épreuve héliotypique, médailles et plaquettes commémoratives de la maison Buirette et Cie.

4070. Boîte à savon des Souverains.

4071. Savon des Souverains.

4072. Musique pour piano. Princesse Olga.

4073.   —   marche du régiment de Préobrajensky.

4074. Livre. France et Français, A. Colin et Cie, éditeurs.

4075. Lorgnette franco-russe.

4076. Numéro de conscrit, classe 1898.

4077. Portraits écrits du Tzar et du Président par Sofer, contenant 121.400 lettres.

4078 à **4089.** 10 gravures russes anciennes.

4090. Trousse avec portraits des Souverains.

4091. Image en couleur : Cortège Impérial Russe.

4092 à **4105.** 10 images coloriées de Marcel Vragné, à Pont-à-Mousson.

4106 à **4117.** 12 couvertures franco-russes pour cahiers d'écoliers de L. Geisler, à Raon-l'Etape.

4118. Catalogue de la Collection des Souvenirs franco-russe et russo-franc, offerte au Musée de la ville de Reims par M. Philippe Deschamps.

4119. Album : Les cinq journées russes, par L. Baschet.

4120. Poésie : A l'amiral Avellan et aux officiers de la Marine Russe, par M. Alexandre Taurines.

ANGERS, IMPRIMERIE DE A. BURDIN, RUE GARNIER.

217